Andreas Hartmann

barfuß auf wolken

Es genügt nicht, Inseln nur zu sehen,
wichtig ist, an Land zu gehen.

Andreas Hartmann

barfuß auf wolken

beziehungs-reiche Gedichte

© 2005 Andreas Hartmann, Braunschweig
Layout und Fotos: Franziska Hartmann

Herstellung und Verlag:
Books on Demand GmbH, Norderstedt

ISBN 3-8334-3690-5

Inhaltsverzeichnis

Fülle

Das Zusammenspiel
    von Licht und Schatten,
    Mond und Wolken,

die Linien
    eines Halses,
    eines Mundes,

das Leuchten
    eines Blickes,

das Klingen
    eines Lachens,

die Berührung
    einer Hand....

Inseln

Engumschlungen und versunken
betrachten wir die Wolke über uns:
sich in sie einzukuscheln,
mit ihr sacht davonzuschweben . . .

doch neben uns,
ganz nah,
lädt weiches Gras
uns ein zum Niedersinken . . .

Inseln

Aufwachen

Blinzeln,
dich erblicken,
schlafend neben mir,
so wundernah;

deine Hand
ganz fein berühren
und erleben,
wie du zart
ein Lächeln zauberst.

So,
in Anblick und Berührung
tief versunken,
lieg' ich,
bis du
deine Augen öffnest.

Wolken

Ich sitz' so da
und laß den Kopf
nach hinten sinken,

da seh' ich
auf das Blau des Himmels
hingetupfte Finger- oder Fußabdrücke,

riesengroß,
doch zart und transparent.

Ich betrachte meine Hände.

So tief

Der Pfeil steckt tief
und hört nicht auf
zu zittern:

dein Gesicht in der Nacht
und dein so anderer Blick,

so tief.

Soll's geben

Hüpfen
Lachen
Schreien

Selbstgespräche
und
Grimassen:

Glück

Mai

In Wärme,
Farben und Gerüche
springen einfach wir hinein,

kitzeln uns
und lachen,
bis wir nicht mehr können.

Beim Spazierengehen

Nach und nach
und Hand in Hand
entsteht in beiden
eine Zukunftsmelodie,
doch jeder
summt sie still
für sich allein.

Altweibersommer

Bewegungslos
auf einer Bank am Waldrand,
Kopf unten.

Von irgendwoher
mit einem Male
helle Stimmen.

Mädchen
auf Pferden
grüßen lachend,

Kopf oben.

Auf dem Turm

Oben,
über allem,
so himmlisch fern das Unten;

festgehalten alles –
in zärtlicher Umarmung.

Unausweichlich
kommt der Abstieg,

aber Türme
gibt es viele!

Auf dem Hochplateau

Er faßte ihr
ganz einfach an den Rock
und hob ihn hoch:

ein buntes Höschen kam zum Vorschein.

Sie lachte auf
und machte „Huch!“,
erschrocken und kokett,

zupfte dann den Rock
mit einem Ruck herunter,
bedachte mich mit einem Blick,

lachte wieder,
aber diesmal anders,
stieg ins Auto und war weg.

Ich sah ihr nach
und sagte:
„Danke, Wind!“

Verständlich

Auf einen Weg gesprüht,
in weiß,
steht da zu lesen:
   Jesus
   liebt dich!

Irgend jemand
hat dann später noch ergänzt:
   'ne Freundin
   wär' mir lieber!

Übermütig

Beim Spazierengehen
unter Trauerweiden
hüpfe ich so gerne,

und von ihren Zweigen
laß' ich mir
die Haare streicheln.

Ich möchte

Ich möchte eine Blume
dir
erfinden:

Und wenn sie sich
in deinem Antlitz widerspiegelt,
ist sie Wirklichkeit geworden.

Mit dir

Mit dir zusammen
ist alles
ungewöhnlich:

du läßt sogar
den Regenbogen
einfach mal
nach unten hängen
und lädst mich ein:

„Komm,
wir setzen uns hinein
und schaukeln!"

Stirn an Stirn

Stirn an Stirn
das
Schweigen
verstehen.

Viel

Ein Lächeln nur,
von hier nach dort
und umgekehrt.

Und Stille.

Deine Stimme

Als ich etwas
über deine
Sti *mmm* e
schreiben wollte,

hat meine Hand
die vielen „m"
besonders
schwungvoll hingeschrieben.

„Willst du?"

„Willst du?"
sagt sie leichthin neben mir
und bietet mir was Süßes an.

Ich bin so schwer bepackt,
kann selbst nichts nehmen,
kann erfreut nur nicken.

Da steckt sie's mir
ganz einfach in den Mund
und berührt
so nebenbei
auch meine Lippen.

Im Hotel

Lüstern erschrocken
sieht sie mich an,
als hätte sie
zu atmen aufgehört.

Im Dunkel leuchtet ihre Haut:

mit einem Finger
zeigt sie
hierhin,
dorthin,
lädt mich ein.

Im Dunkel leuchtet ihre Haut:

zitternd
und mit feuchten Lippen
bin ich folgsam,
überall . . .

„Irgend etwas sticht mich!"
sagt sie plötzlich
und macht das Licht an.

Seit ich weiß...

Seit ich weiß,
worauf du Lust hast,
ist mir heiß
und alles eine Last,
was mich am Handeln hindert
und die eig'ne Lust vermindert.

In Gedanken hab' ich alles schon gemacht
und dabei meine Neu-Gier so entfacht,
daß ich fast verrückt geworden wäre!
Oh, komm mir endlich in die Quere!

In der Praxis

Eine Butze
möcht' ich mit dir bauen
und dich da drin
beim Doktor-Spiel erforschen;

und dann werde ich mich
dir verordnen,
bis wir beide ganz betäubt sind.

Aufreizend

Zwischen
blond-gelockten Haaren
und knapper schwarzer Hose
leuchtet
eng am Körper
samtig rot das Oberteil,
darunter blitzt
ein Streifen Haut.

Ach, hätt' ich ihr doch nur gesagt,
wie gut das Rot ihr steht,
zumal –
ausgesehen hat sie auch noch!

Bei Tisch

Wir haben uns
schon viele Male angelächelt,
haben uns,
mit Kopfbewegung oder Blick,
auf and're Gäste hingewiesen.

Jetzt beugst du dich vor
und schiebst mir langsam
einen Fetzen Fleisch in meinen Mund;
dann leckst du dir,
mich dabei fixierend,
deine Finger einzeln ab.

Mit großer Geste
halte ich dir nun
auch meine Hände hin.

„Wie heißt du überhaupt?"
stößt prustend du hervor
und saugst dann schmatzend
meine Finger
tief in deinen Mund,
einen nach dem anderen.

Heftig atmend frage ich:
„Und du?"

Spielchen

Um zu genießen,
wie sie auf mich zukommt,
mach' ich mich von ihr los,
laufe ein paar Meter weg,
drehe mich dann um
und ruf' ihr zu:
„Was bist du schön!"

Sie stapft dann immer auf mich zu
und sagt:
„Ach, Quatsch!"

So was Süßes

Schon
von weitem
kann ich sehn,
daß mir gleich
was Süßes widerfahren wird.

„Tach",
sagt sie kaum hörbar
und lächelt zaghaft
beim Vorüberradeln.

Ich blick' ihr nach
Und stammle staunend:
„So was Süßes!"

Wohlig

Asche nicht
und Flamme nicht,

in der Tiefe
rote Glut,
die wärmt
und weich macht.

Fotoausstellung „Forever young"

Ich schlendere
von Bild zu Bild,

da steh' ich
plötzlich
mir und ihr,
meiner ersten Liebe,
gegenüber:

demonstrierend
sind wir festgehalten,
vor langer, langer Zeit;

ganz lebendig
gehe ich nach Hause.

Forever young

Bereinigt

Als ich den Hof ihr machte,
stellte ich erschrocken fest,
was da alles aufzuräumen war.

Ich packte also wild entschlossen zu,
und plötzlich
war der Hof ganz leer . . .

Eingebildet

Wie du dich kämmst
und dabei
deine nassen Haare schüttelst;

wie du deinen Kopf dann drehst,
in meine Richtung siehst,
mich siehst,
mich ansiehst,
lächelst –

und wie das
wieder mal
alles gar nicht wahr ist.

Irre

Du
goldig-grelles Stück
hast
auf ganz charmante Weise
immer etwas Schaum vorm Mund;

diesen wegzuküssen,
ist manchmal gar nicht leicht.

Wechselbad

Ob sechseinhalb nur oder sieben,
hat mich die ganze Nacht gequält;

jetzt aber
werd' ich fast verrückt,
als sie,
kaum spürbar,
meine Hand berührt
und flüstert:

„Laß uns barfuß auf den Wolken geh'n!"

Zum Fressen

Atemlos
und mit zerzausten Haaren
baust du dich vor mir auf:

schräg von unten
trifft dein Blick mich,
deine Grübchen zucken
und mit Monster-Miene
sagst du dann zu mir:
„Na, du?!"

„Und du?!"
sag' ich und schließe dich in meine Arme.

Fruchtbar

Auf deinen Lippen
leuchtet feucht der Erdbeersaft,
und du hältst mir
die Schale mit den Früchten hin;

als auch meine Lippen
rot erglänzen
und ich deinen Blick
so auf mir fühle,

merk' ich erst,
was du für'n Früchtchen bist.

Kreuzung

Rot,
Tür auf,
raus,
zum Auto hinter mir,
Tür auf:

„Ich liebe dich!"

Tür zu,
zurück,
rein,
Tür zu,
Grün.

Ich brause los,
und sie würgt ab.

Warum eigentlich nicht

Als sie mich neulich,
zur Seite blickend,
fragte,
ob ich
ihre Spucke trinken würde,

da drehte ich sie
einfach zu mir um
und
küßte sie.

Die Bank

Von der Bank
blickten
wir ins Tal.

Auf der Bank
küßten
wir uns wild.

Neben der Bank
wuchs hohes Gras . . .

Ich weiß es noch genau,
die Bank war blau.

Femininum

Mädchen oder Weib,
Engel oder Hure,
womöglich alles gar
in einer einzigen Person:
wer könnte sich da retten,
selbst wenn er es wollte?

Da tauch' ich lieber gleich
bewußt
ganz tief hinein!

Stark beschäftigt

Jetzt liegt sie auf dem Bauch,
doch an ihrer Art
zu gucken
hat sich nichts geändert.

Sie spielt im Sand,
zieht mit den Fingern Gräben
und schichtet kleine Hügel.

Wir könnten Sand
uns
in die Hände rieseln lassen.

So eine Person

Dieses Lachen,
aus Grübchen abgeschossen,
reizend und entwaffnend,
fragend und verschämt,
schnippisch und berechnend –

immer ganz direkt
und dazu noch
das Leuchten in den Augen.

Nur wir

Laß uns dein Leibchen
über den Globus werfen,
damit die Welt nicht sehen kann,
wie wir auf Wonnewolken schweben.

Bekenntnis

Wie du mich liebkost,
und wie sehr ich will,
daß du mich liebkost;

wie du mich willst,
und wie sehr ich will,
daß du mich willst,

und wie sehr ich will,
daß du weißt,
wie sehr ich dich will!

Reise

Wenn wir,
in Fahrt gekommen,
laut und lustvoll sind
und ein Gesichtszug
nach dem anderen entgleist,
wir aber dennoch angekommen sind,

genießen wir erschöpft und selig
uns ganz innig:
unsern Duft und uns're Wärme
und unser tiefes Fühlen füreinander.

Wo(hl)möglich

Zurückgelehnt und ausgestreckt,
so saß sie
beinah liegend auf der Bank
und gab sich
mit geschloß'nen Augen
letzten tiefen Sonnenstrahlen hin.

So gesehen,
hätte ich sie küssen müssen!

Streich

Vom Balkon
im ersten Stock
schallt es auf mich herunter:

„Ich liebe dich!"

Als ich nach oben blicke,
seh' ich
Kinderköpfe schnell verschwinden.

In der Bar

Die stoffbespannten
oder braungebrannten
Schenkelflanken
all der übergeschlag'nen Beine
sind so brutal erotisch,
daß ich mich auf meinem Hocker
kaum noch halten kann.

Ich hätte ja
nicht kommen müssen!

Ergriffen

Entblößt
und aufgelöst,
so liegst du da;

in dich versunken
sitz' ich neben dir.
Lächelnd
nimmst du meine Andacht wahr
und breitest
deine Arme aus:

ganz langsam und behutsam
möchte ich
auf dich hinuntersinken . . .

Uferlos

Uferlos
zerfließen uns're Küsse,
fließen feucht
in deinenmeinen Mund,
wir tauchen tief,
so tief hinein,
so weich und wild
und wild und weich zugleich,
ganz gleich

und uferlos!

Gleich auf

Uns're Briefe
haben sich beim letzten Mal
zum ersten Mal gekreuzt,
und in beiden steht,
wie schön es war;

wie schön!

Arbeitserleichterung

Der Kellner
streicht das Tischtuch glatt,
verneigt sich leicht
und sagt:

„Ich freue mich
den ganzen Abend über Sie,
denn Glück
ist selten so zu seh'n!"

Seelisch in Timbuktu

Ich muß andauernd lächeln,
könnte Purzelbäume schlagen
oder einfach
einen Stuhl umschmeißen!

Ich lege alte Platten auf
und fläz' mich in den Schaukelstuhl.

Ich seh' dich vor mir,
hör' dich lachen
und krieg' mich nicht mehr ein.

Reaktionen

Als er verkündete,
er wolle,
nach mehr als dreißig Jahren,
seine Jugendliebe
einmal wiedertreffen,

da zeigte sich verärgert
seine Frau,
und eine Szene machte
die Geliebte;

seine Freundin aber
lächelte.

Lebenslyrik

Des Lebens
launig-lustige Lyrik
liegt in ungereimten
aberwitzigen
Achilles-Versen
und in lauter
komisch-kleinen Kata-Strophen,
manchmal auch in großen.

So isses

Eh' de dich versiehst –
zack!

Andreas Hartmann wurde 1947 in Braunschweig geboren, wo er noch heute lebt; er ist verheiratet und hat einen Sohn und eine Tochter. Nach einem Germanistik- und Politologiestudium arbeitet er seit 1976 als Gymnasiallehrer.

Im gleichen Jahr schloß er sich dem Niederdeutschen Theater Braunschweig an, bei dem er bis heute als Regisseur und Darsteller, seit 1980 auch als Theaterleiter tätig ist. Ende der 80er Jahre begann er zu schreiben: überwiegend Lyrik, aber auch zahlreiche Kurzgeschichten.

2001 hat er den 1. Preis im Literaturwettbewerb der Braunschweigischen Landschaft im Bereich Lyrik gewonnen und war 1999 Preisträger beim Liebesgedichte-Wettbewerb der Pro Familia Braunschweig. Andreas Hartmann ist Mitglied im Verband Deutscher Schriftsteller.